CONSIDÉRATIONS
SUR LES
AFFAIRES PRÉSENTES
DE L'EUROPE.

*Adressées à M. ***, par M. de ***, traduites de l'Allemand.*

Non erat is populus, quem pax tranquilla juvaret,
Quem sua libertas immotis pasceret armis.
Inde iræ faciles, & quod suasisset egestas
Vile nefas. . . . .   LUCAIN.

Nº. I.

De l'invasion des troupes Prussiennes en Bohème.

LONDRES.

M. DCC. LXXIX.

A V I S

PRÉLIMINAIRE.

CET Ouvrage ne doit pas être con-
fondu avec ces feuilles volantes , qui
n'ont que l'exiſtence du moment , &
qui diſparoiſſent d'abord que le temps
de leur application eſt paſſé. La guerre
de 1778 , eſt un événement qui influera
ſur les temps futurs ; elle fixera l'attention de la poſtérité, qui ſera curieuſe
d'en connoître l'auteur : M. de * * * cher-
che à le déſigner par des traits auxquels
il eſt impoſſible de le méconnoître ; ſon
but n'a pas été de s'arréter aux détails ;
il deſſine à grands traits d'une main har-
die &. ſûre : il indique les principales
époques , parce qu'il ſuppoſe que ſon ami
eſt familiariſé avec l'hiſtoire de ce ſiecle ;
il ne dit pas : *Un tel eſt l'agreſſeur* , il
prouve *qu'un tel devoit l'être*. Ses obſer-
vations ne ſont pas fondées ſur des cas
iſolés , que l'eſprit de contradiction défi-
gure aiſément: il tire, pour ainſi dire, ſes
preuves des Archives du Cabinet de Berlin ; il en dévoile les ſecrets, & en tra-

çant le syſtême que ce Cabinet a adopté & conſtamment ſuivi , il en déduit les cauſes de la guerre préſente. Il eſt bien difficile de ſe refuſer à l'évidence des preuves tirées d'une époque qui comprend preſqu'un regne entier.

En rendant juſtice aux grandes qualités du Roi de Pruſſe , M de *** paroît fortement attaché aux intérêts de la maiſon d'Autriche ; mais le bonheur de l'Allemagne & de l'humanité en général lui tient encore plus à cœur. En dévoilant les reſſorts cachés de la politique Pruſſienne , cet Auteur a fixé en Allemagne l'opinion du public impartial ſur les cauſes & le but de la guerre actuelle : le ſuccès de ſon ouvrage devient un préjugé favorable pour cette traduction , que l'on offre aux Lecteurs François.

L'Editeur Allemand a enrichi l'original de quelques notes , que l'on a crû devoir conſerver.

CONSIDÉRATIONS

SUR LES

AFFAIRES PRÉSENTES

DE L'EUROPE.

C'EN eſt donc fait de la tranquilité de l'Europe ! l'épée eſt tirée ; des milliers de victimes feront égorgées, & elle ne rentrera dans le fourreau que lorſque des torrents de ſang auront inondé la malheureuſe Allemagne. Ah mon ami ! quel affreux tableau pour nos ames ſenſibles ! L'ami de l'humanité n'en peut ſoutenir l'horreur ; en détournant ſes regards il ne peut donner que des larmes au malheur de ſa Patrie, & dans ſon impuiſſance il mau-dit en ſecret l'*Auteur* de la ſcène ſanglante qui s'ouvre devant lui.

QUEL EST CET AUTEUR ? Les faits parlent. Le 5 Juillet 1778, la première colonne de l'armée Pruſſienne entra en Bohême, & campa entre *Oppotſchna* & *Trau-tenau*. Ce ſont des milliers de témoins que le Roi de Pruſſe fournit contre lui-même.

A 3

Mais il faut s'attendre à voir éclore une foule d'écrivains mercénaires , qui chercheront à pallier cette invasion (1) : dans l'impoſſibilité de la révoquer en doute , d'en impoſer à leurs contemporains , ils s'efforceront au moins d'envelopper cet événement dans des ténebres ſi épaiſſes , que la poſtérité en percera difficilement l'obſcurité. Cependant la vérité manqueroit-elle de défenſeurs ? Non , il s'en trouvera d'aſſez courageux pour la tranſmettre aux générations futures dépouillées du voile , dont la baſſe flatterie , le vil intérêt , & le menſonge , chercheront à l'envelopper. La poſtérité eſt le tribunal des Rois ; il eſt juſte de lui fournir les titres qui doivent motiver ſon jugement. Je n'ai pas la vanité de croire que ces conſidérations confiées à l'amitié ſeront un jour de ce nombre ; je les rédigerai cependant avec l'impartialité la plus ſcrupuleuſe : peut-être qu'un Hiſtorien futur les tirera de l'oubli , & s'en ſervira comme d'une piece juſtificative.

Le malheur de l'Europe ne date pas de cette journée mémorable : les torrens enflammés , qui ſe précipitent du ſommet des volcans dans les plaines d'alentour , ſont préparés dans les entrailles de la terre , longtemps avant leur exploſion. Le coup que l'on porte aujourd'hui à la tranquillité de l'Europe a été préparé de loin dans le ſilence. La mort de l'Electeur de Baviere n'en eſt pas la cauſe , elle en eſt le prétexte ; c'eſt le moment de cette exploſion terrible.

QUAND même aucun événement n'auroit ouvert une fucceffion à la maifon d'Autriche; le fyftême du Gouvernement Pruffien eft tel, que la paix & le repos deviennent pour lui un état forcé. Les invafions des provinces voifines, la guerre, les combats, voilà les feuls moyens de fa confervation; il reffemble à un navigateur hardi qui fur une mer tranquille a befoin des vents pour avancer, & qui préfere la tempête au calme. La puiffance de la maifon de Brandebourg, femblable au fer rongé par la rouille, quand il n'eft pas employé, fe détruiroit d'elle-même, fi fes nombreufes légions reftoient dans l'inaction.

TOUTES les parties de cette conftitution font dans un état forcé; l'armée eft formée par des troupes ramaffées de tous côtés, & leur entretien eft affigné fur les Etats qu'elles attaqueront un jour. Leurs généraux font réduits à tenir le même langage, que ce chef d'une horde errante tenoit à fa troupe : *voulez-vous manger, regardez, voilà un magazin, emportez-le à main armée, ou mourez de faim.* Chaque pas que la Pruffe a fait depuis trente-fept ans, prouve cette obfervation, & confirme que fa grandeur ne peut fe foutenir que par la guerre & par les conquêtes. Si quelquefois elle a laiffé refpirer fes voifins, c'étoit une trêve accordée par l'intérêt; car quand il n'y a plus rien à piller, il faut attendre que l'activité & l'induftrie reproduifent des moiffons que l'on veut enlever. La Pruffe rappelloit donc ſes troupes ; mais ſemblable à la corde d'un arc , qui décoche le trait avec d'autant plus de rapidité , qu'elle a été retirée avec force.

En effet quelle proportion peut-on aſſigner entre l'état militaire de ce royaume & ſes revenus. A la mort de Fréderic Guillaume , c'eſt-à-dire en 1740, l'armée Pruſſienne conſiſtoit en ſoixante-ſix mille hommes , & le feu Roi avoit beſoin de toute ſon économie pour la ſoutenir (2). Depuis cette époque elle s'eſt accrue juſqu'à deux cents cinquante mille hommes , & la proportion eſt de quatre à un. Si les Etats de la maiſon de Brande-bourg n'ont pas été aggrandis dans la même proportion , l'on pourra dire avec raiſon du Roi actuel ce qu'il a écrit de ſon grand pere (3). *Ses dépenſes n'avoient aucune propor-tion entr'elles ; la biſarrerie de ſa dépenſe ne paroît plus évidente , que lorſqu'on examine la to-talité de ſon Etat & de ſes revenus. On y obſerve des parties d'un corps gigantesque à côté d'au-tres membres deſſechés qui dépériſſent.* Le Prince , ſur lequel on s'eſt permis cette obſervation , eſt celui qui éleva la maiſon de Hohenzollen à la dignité royale ; ces ſortes de révolutions ne s'opérent pas ſans de grands moyens. Son petit-fils lui reproche d'avoir vendu vingt-mille hommes pour en nourrir trente-mille : il fait plus lui-même , car pour entretenir une armée de deux cents cinquante mille hommes , il ruine ſes propres Etats , & il bouleverſe toute l'Europe.

De quels moyens ne s'eſt-il pas ſervi pendant la paix ou en temps de guerre , ſoit dans ſes Etats où dans ceux de ſes voiſins ? N'a-t-on pas vu en tout temps ſortir de la Pruſſe des émiſſaires chargés d'employer tous les moyens , même la force , pour recruter chez l'étranger , & remplir dans ſon armée, le vuide que la mauvaiſe nourriture , la miſere & la mortalité , qui en eſt une ſuite néceſſaire , y occaſionnoient journellement ? En temps de guerre n'a-t-on pas vu employer des moyens révoltans pour forcer les priſonniers à s'enrôler ſous ſes drapeaux , & quand cette reſſource manquoit pour réparer la perte des ſoldats ſacrifiés , ſouvent avec opiniâtreté , dans les batailles. N'a-t-on pas vu enlever le foible adoleſcent , & l'utile cultivateur courbé ſous le poids de la miſere & des années ? L'emploi de ces moyens violens '& déſeſpérés ne prouve-t-il pas qu'il n'y a aucune proportion entre la population & l'état militaire.

Au ſein de la paix ne l'a-t-on pas vu employer les coins des puiſſances les plus reſpectables à la fabrication de fauſſes monnoies ? Les ſiens mêmes n'ont-ils pas perdu toute confiance publique , & le marchand n'eſt-il pas forcé journellement de recevoir les mauvaiſes eſpeces qu'ils fourniſſent, parce qu'elles ſont employées à la paye du ſoldat ? Qui peut ignorer que dans toutes les provinces Pruſſiennes, le civil eſt conſtamment ſacrifié au militaire ? Les médiocres honoraires ne garantiſſent pas de la miſere les em-

ployés de l'Etat-civil , & ne faut-il pas leur
paſſer la vénalité de la juſtice , la concuſ-
ſion , & toute eſpece de vexations , pour les
empêcher de mourir de faim ? Afin d'épargner
à la caiſſe militaire une miſérable paye , le
ſoldat n'eſt-il pas forcé d'accepter un congé
pour la majeure partie de l'année ? C'eſt-à-
dire , ne lâche-t-on pas le ſoldat affamé ſur
le pauvre cultivateur , pour qu'il enleve à
celui-ci , par force ou par adreſſe , un mor-
ceau de pain , que ſon Roi lui refuſe ? Quand
on eſt réduit à de pareils moyens d'économie publique , n'eſt-ce pas avouer aux yeux
de toute l'Europe que les revenus ordinaires
ne ſuffiſent pas à la ſolde des troupes ?

MAIS les ſoldats enlevés chez l'étranger ,
& l'entretien des troupes deſtinées à la garde
de ces captifs toujours prêts à rompre leurs
chaînes , ſont déja une charge trop peſante
pour les provinces Pruſſiennes. Sans ſecours
étrangers en vivres & en argent il auroit donc
fallu licencier les deux tiers de l'armée ; mais
dès qu'on veut les conſerver , les invaſions ,
le pillage & la dévaſtation des provinces
voiſines deviennent néceſſaires , puiſque ce
moyen ſeul peut remplir le *deficit* des finan-
ces Pruſſiennes.

AUSSI l'Europe étonnée vit-elle en 1756 ,
le Roi de Pruſſe attaquer la Saxe ſans aucune déclaration de guerre , en prendre poſſeſſion , diſpoſer des revenus de cet Electorat
à ſon gré , enlever les moiſſons , pour rem-

plir ſes magaſins & engraiſſer ſes hordes affa-
mées de la ſubſtance de cette province, une
des plus fertiles de l'Empire.

ON ſe ſouvient encore des viciſſitudes d'une
guerre qui apprirent à Fréderic, pour la premiere fois, qu'il pouvoit être vaincu. On n'a
pas oublié que ſouvent il combattoit moins
pour la gloire que pour ſa conſervation ; que
ſa ruine étoit très-prochaine à *Hochkirch* &
après la bataille de *Francfort ſur l'Oder*. Auſſi
n'oubliera-t-on jamais, que ſes défaites furent
l'ouvrage de *Fabius* & des *Marcellus* d'Autriche, & que le bonheur de ne pas avoir ſuc-
combé, fut l'effet d'événemens fortuits, qu'on
ne pouvoit pas prévoir, & ſur leſquels il étoit
impoſſible de compter.

LA paix de *Hubertsbourg* aſſura aux Puiſ-
ſances belligérantes leurs anciennes poſſeſſions.
Si par la ſuite un hiſtorien s'aviſoit de dire à
l'occaſion de ce traité : ,, *La maiſon d'Autri-*
,, *che n'a rien perdu : Le Roi de Pruſſe n'a*
,, *rien gagné* ", il tromperoit ſes lecteurs en
ſe trompant lui-même. L'avantage de cette
guerre étoit entiérement du côté du Roi, car
l'objet pour lequel il l'avoit commencée, étoit
rempli. Son armée étoit augmentée par le
grand nombre des priſonniers incorporés dans
ſes régimens, ſans avoir été obligé de payer
leur engagement ; il avoit nourri ſes troupes
pendant pluſieurs années aux frais du pays
ennemi, & les contributions qu'il y avoit le-
vées, en aſſuroient la ſubſiſtance pendant

quelques autres années. Quand un général est forcé de pourvoir à l'existence de ses armées par des batailles; il compte pour rien la perte de plusieurs milliers d'hommes, si à ce prix il obtient du pain pour ceux qui lui restent.

CETTE guerre étoit une grande leçons pour toutes ces Puissances : l'Autriche fut la premiere à en profiter. On employa la paix à créer des forces, qui pussent, qui dussent même contre-balancer celles du Roi de Prusse. A peine le plan de ce grand ouvrage fut-il dressé, que l'on s'occupa de son exécution : la considération qu'une Cour peu délicate sur le choix des moyens pouvoit facilement porter ses forces au-delà de ses facultés, loin de décourager, servît au contraire d'aiguillon pour réaliser un projet, qui devoit assurer la tranquillité de l'Empire : les riches provinces de Marie-Thérèse en présentoient les facilités sans être obligé de recourir aux expédiens odieux, auxquels une Puissance rivale est réduite par le dépérissement total, dans lequel un gouvernement militaire fait languir ses provinces. On s'arma de constance, & principalement de patience & d'insensibilité contre le ton altier & menaçant, que le vainqueur de *Torgau* prenoit dans toutes les occasions. A l'en croire, la maison d'Autriche ne dût la paix qu'à sa modération, & il chercha à faire oublier à toute l'Europe, qu'elle fût nécessaire aux deux partis. Dans le cabinet, envers les Co-Etats, à la diete de l'Empire, dans les Cours étrangeres, en un mot, par tout le miniftere Pruffien parla en maître, toujours prêt à écrafer celui qui oferoit contrarier ces décifions. On fupporta cette conduite offenfante avec fermeté, bien perfuadé qu'en perfiftant invariablement dans la pourfuite du plan propofé, on hâteroit les moyens de réprimer fon audace. Les perfonnes honorées de la confiance de l'Impératrice Reine avancerent ce grand ouvrage ; mais il étoit réfervé à l'activité infatigable de fon augufte fils, dont le génie réunit les deux qualités fi rares, d'embraffer d'un coup d'œil l'enfemble en grand, & de réfifter aux fatigues du détail, de le porter à fa perfection.

Dès que ce Monarque obtint de fon augufte mere la direction des affaires militaires, fon génie anima toutes les parties de ce vafte département. La célérité de fes opérations étoit moins étonnante que le fecret qui y préfidoit. Tandis que ce travail de l'Empereur étoit regardé à *Potsdam* comme un fimple délaffement, il forma ces armées impofantes, qui, au premier fignal, étoient prêtes à s'oppofer aux prétentions injuftes de la Cour de Berlin.

Les dépenfes de huit années avoient épuifé le tréfor formé à Berlin par le pillage de la Saxe, par les contributions extorquées à différens Etats de l'Empire, & principalement par le bénéfice énorme fait dans la fabrication de tant de milions de fauffes efpeces ; il fallut donc chercher de nouvelles reffources

pour entretenir l'armée. La partie septentrio-
nale de la Pologne se présenta aux regards
avides du Roi de Prusse : ce royaume ouvert
de tous côtés, déchiré par une guerre civile,
sans aucune défense, & privé par sa position
de tout secours étranger, devint par la réunion de ces circonstances une proie facile.

L'ENTRÉE de trente mille Prussiens ajouta
aux fléaux de l'anarchie la plus effrénée, aux
horreurs de l'intolérance, aux exactions des
troupes étrangeres, & aux dévastations des con-
fédérations nationales, qui désoloient ce mal-
heureux royaume. Alors on crut pouvoir soup-
çonner la Cour de Berlin d'avoir préparé,
fomenté & perpétué ces troubles ; au moins
l'utile parti qu'elle en a tiré, & les maximes
connues de sa politique usurpatrice semble
justifier ce soupçon. Elle fit enlever la jeu-
nesse de la république pour recruter d'anciens
régimens & en former de nouveaux ; elle
s'empara des magasins publics pour la subsistance de son armée, & comme si elle eut
été en pays ennemi, elle demanda en Maître,
& fit rentrer toutes les contributions réparties
avec la derniere rigueur. Cette expédition
tint en effet lieu d'une guerre ouverte avec la
république de Pologne, qui, sans pouvoir,
sans oser même se défendre, courboit sa tête
sous le joug, puisque le bénéfice qui en a ré-
sulté pour le Roi de Prusse remplissoit ses cof-
fres & soutenoit une partie de son armée. Le
fameux partage de la Pologne en fut une
suite nécessaire, parce que le Roi trouvoit

les diſtricts occupés par ſes troupes trop con-
venables à ſon arrondiſſement.

LA premiere idée de ce partage ſortit du
cabinet de Berlin, l'Europe entiere crut alors
que les Cours de Pétersbourg & de Vienne y
avoient été *invitées*. Rien n'eſt moins vrai,
& c'eſt encore une de ces erreurs, auxquels
ſont expoſés tous ceux qui ne ſavent pas pénétrer l'eſprit des conférences de Potsdam.
Le fait eſt qu'on a notifié aux deux Cours,
que le Roi de Pruſſe étoit *invariablement* décidé à s'approprier cette partie de la Pologne,
qui en rapprochant vers le Nord la Pruſſe des
autres poſſeſſions de la maiſon de Brandebourg, en étendant à l'Orient ſes limites vers
la Hongrie, & principalement en reſſerrant à
l'Occident Dantzig, mettroit cette ville entiérement dans ſa dépendance. Cette partie
de la Pologne eſt la plus avantageuſe : qui
la poſſede eſt maître de la Viſtule, de l'ex-
portation de toutes les productions Polonoiſes,
enfin de tout le commerce du Royaume (4).
En même temps on laiſſa aux deux Cours la
liberté de s'emparer de quelques diſtricts ;
mais ce n'étoit pas une offre *conditionnelle :*
on détermina à *Potsdam* les limites de ce
qu'on *permettoit* à la Ruſſie & à l'Autriche
d'occuper : mais quelque put être le parti que
ces deux Cours jugeroient à propos de prendre, les troupes Pruſſiennes *avoient déja pris
poſſeſſion* du lot réſervé. Cette démarche força
la Cour de Vienne à faire valoir nos prétentions ſur la Lodomérie & la Gallicée, afin

de ne pas perdre tout-à-fait l'équilibre de ce côté-là.

Le partage de la Pologne fixa l'attention de toute l'Europe : on ne crut pas y reconnoître cette équité, qui de tout temps caractérisa le ministre d'Autriche ; mais on n'en auroit certainement pas jugé d'une maniere aussi défavantageufe, si l'on avoit pu rapprocher toutes les circonstances qui ont accompagné cet événement. Par ce partage l'on acheta pour le moment la tranquilité de l'Europe, au moins éloigna-t-il la guerre de quelques années puifqu'il procuroit au Roi de Pruffe les moyens de nourrir son armée. *La guerre doit être un moyen d'existence pour un Prince qui n'a d'autre systême qu'une Puiffance militaire*, portée au-delà des bornes prescrites par la population & les revenus publics dans un Etat fagement ordonné : fes voisins doivent renoncer à la paix ; il ne leur accordera que des trèves plus ou moins longues, & dont la durée fera déterminée par fon caprice ou fes befoins.

Voila la position où fe trouve l'Europe à l'égard de Fréderic. Il augmente fes forces militaires à mefure qu'il s'aggrandit ; la difproportion primitive refte donc toujours la même.

Les arrangemens pour l'administration intérieure des nouvelles acquisitions Pruffiennes furent à peine finis, que l'on chercha à Berlin avec empreffement une nouvelle occasion
d'exciter

d'exciter des troubles. Dans le cours des négociations concernant la Pologne , les Minis-
tres Prufliens depuis long-temps accoutumés
à un ton tranchant & décisif , crurent devoir
s'expliquer avec plus de modération pour ne
pas irriter les Puiffances , dont les forces réu-
nies auroient pu détruire dans fon principe
tout l'édifice de la politique Pruflienne : mais
à peine fut-il établi fur une bafe folide , que
ces Miniftres reçurent l'ordre de reprendre ce
ton impofant , particuliérement dans les affaires de l'Empire , parce que l'on fe flattoit
d'accélérer par ce moyen la rupture que l'on
defiroit.

Les obftacles que ces Miniftres oppoferent
à la vifitation de la Chambre Impériale de
Wetzlar , exciterent l'indignation de toute
l'Allemagne. Sans aucun motif , fans aucun
prétexte , fans deffein..... mais que dis-je ?
Les raifons puériles & frivoles qui motivoient
cette oppofition , faifoient partie d'un plan
réfléchi. On vouloit démontrer clairement à
toute l'Europe , que l'ouvrage le plus falu-
taire , le plus ardemment defiré par tous les
Etats de l'Empire , ne devoit point réuffir ,
parce que ce n'étoit pas le *bon plaifir* de
Fréderic.

On vouloit que toute l'Allemagne en ju-
geât ainfi ; qu'elle reconnût la prépondérance
du redoutable fucceffeur de George-Guillaume (5) , dans toutes les affaires publiques ;

B

que l'Empire fût témoin de l'impuiffance de
fon Chef , & qu'il s'habituât à regarder
la dignité Impériale comme un vain fimulacre.
Un Prince accoutumé à venger toutes les at-
teintes portées à fa Couronne, fe flattoit que
cette dégradation de l'autorité Impériale aux
yeux de l'Allemagne , ce mépris de la puiffance Autrichienne aux yeux de l'Europe,
blefferoient au vif le cœur fenfible d'un Monarque, qui prouvoit par toutes fes démarches,
par toutes fes actions, qu'il voyoit le chemin
de la gloire ouvert devant lui : il efpéroit
que ce jeune Souverain chercheroit à venger
l'honneur de fa maifon ; qu'alors la fermeté
de Jofeph fe trouveroit en oppofition avec
l'opiniâtreté de Fréderic , qu'on oppoferoit
des infultes aux raifons & aux remontrances
des menaces , bien perfuadé que la circonf-
tance la moins importante en elle-même four-
niroit l'occafion de les réalifer.

La Cour de Berlin fe trompoit en jugeant
ainfi du caractere de Jofeph II. Ce Monarque
diffimula l'atteinte portée à fon ouvrage , que,
malgré fes défauts apparens, il avoit promis
de protéger. Jamais Jofeph ne manqua à fa
parole ; mais il favoit que plufieurs routes
conduifent au Temple de la gloire, & que
la modération doit être une des premieres
qualités du grand homme. Les écrivains mercénaires de la Cour de Berlin, préfenterent
cette modération comme l'effet de la crainte
& de la foumiffion (6), & à deffein ils pu-

blierent par-tout, que le feul but de l'oppofition du Roi avoit été de tâter la patience
de l'Empereur ; mais la grandeur d'ame de
ce jeune Monarque lui fit méprifer un manege
odieux qui déshonoroit fon auteur , & ce généreux effort conferva encore pour quelque
temps la paix à l'Allemagne.

Vous n'ignorez pas , mon ami , toutes les
tracafferies , toutes les chicanes , que la Cour
de Berlin a employés depuis , & toujours
fans fuccès , pour laffer la patience de la maifon d'Autriche. N'en foyez pas étonné: l'a-
mour de l'humanité enflamme trop le cœur fenfible de Marie-Thérefe , le fang de fes fujets,
& des hommes en général eft trop facré à
fes yeux , pour ne pas l'épargner jufqu'à la
derniere extrémité. L'Empereur même ne crut
pas manquer à Sa Majefté en facrifiant fon
reffentiment à la tranquillité de l'Europe.

Mais ces difpofitions pacifiques ne fatisfi-
rent point le Roi de Pruffe qui avoit une
armée de deux cens cinquante mille hommes
à nourrir. Jadis quand le Nord ne pouvoit
plus fournir aux befoins de fon immenfe population , il en chaffa une partie vers le midi.
Quand même l'Electeur de Baviere n'eut pas
été la victime de l'ignorance de ces méde-
cins , le *Harald* du dix-huitieme fiecle auroit
trouvé un prétexte à l'émigration de fes hordes. L'extinction de la ligne Guillelmine lui

épargna la peine d'exercer son génie fécond en reſſources.

Le myſtere de la politique de Potsdam, à l'occaſion de ce grand événement, ne fut pas également impénétrable à tout le monde. Le plan fut tellement ordonné, qu'à tout événement la Pruſſe devoit y gagner, ou une partie de la ſucceſſion de Baviere, ou la guerre, le moyen le plus indiſpenſable pour la ſubſiſtance de ſon armée.

J'ignore ſi vous avez eu connoiſſance de ce plan : mais j'en doute. Le voilà en ſubſtance, tel qu'il a été dreſſé ſous les yeux du Roi : des événemens que celui que des ſages modernes ſe ſont plût à nommer le *Salomon du Nord* n'a pu prévoir, l'ont forcé d'y faire des changemens.

Le premier plan fut de s'approprier les Duchés de Juliers & de Bergue : ce n'étoit point une portion de la ſucceſſion de Baviere, mais ces deux Duchés convenoient mieux au Roi, qu'aucune des Provinces de l'Electorat de Baviere. Depuis long-temps la maiſon de Brandebourg convoitoit ces deux Duchés, parce qu'ils devoient donner une certaine conſiſtance à ſes poſſeſſions dans cette partie de l'Allemagne, & qu'en ſe rapprochant des Pays-Bas Autrichiens, dont l'éloignement des autres Etats héréditaires, & l'induſtrie des habitans, offroient une proie auſſi riche que facile, elle pourroit troubler à volonté le commerce du Rhin, & finir ensuite par s'en emparer, comme elle l'a déja fait de celui de l'Oder, de l'Elbe & de la Vistule Ces avantages présens & ceux offerts par l'Electorat de Cologne, enclavés dans ces nouvelles usurpations, que le voile de l'avenir ne pouvoit dérober aux yeux perçans de Fréderic, le déterminerent à s'emparer des Duchés en question : pour dédommager la maison Palatine de ce sacrifice, on lui auroit garanti la succession de Baviere *envers & contre tous*. Le projet de cette convention étoit déja dressé; la preuve des prétentions de la maison de Brandebourg sur lesdits Duchés étoit préparée, & ses moyens ordinaires de faire valoir ses droits, c'est-à-dire, ses troupes reçurent en secret l'ordre de se tenir prêtes à marcher (z).

Les choses en étoient à ce point, lorsque les cabinets de Vienne & de Mannheim renouerent la négociation éventuelle au sujet de la succession de Baviere. Cette démarche parut donner une autre direction aux conférences de Potsdam. L'on commença à réfléchir sur les dangers de cette entreprise dont le succès étoit très-douteux; l'on sentit que la France ne pouvoit voir avec indifférence s'approcher de ses frontieres un Prince aussi entreprenant, qu'elle étoit intéressée à ce que la navigation du Rhin ne fut pas troublée; l'on ne se dissimula pas que les mêmes considérations réveilleroient l'attention des Hol-

landois fi jaloux de la sûreté de leur commerce ; qu'ils fe réuniroient à la France pour
protéger l'Electorat de Cologne , menacé
d'être enclavé dans les poffeffions du Roi de
Pruffe , & d'être réduit à l'état précaire où
fe trouve Dantzig ; que la maifon d'Autriche,
expofée aux invafions Pruffiennes du côté de
la Moravie & de la Bohême, y livreroit difficilement les Pays-Bas , auxquels le voifinage
de Vefel donne déja de l'ombrage. Malgré
le mépris marqué , avec lequel le miniftere.
Pruffien parle en toute occafion des autres
Etats de l'Empire , leur nombre ne laiffa pas
de l'effrayer , parce qu'éveillés par le dan-
ger commun , ils devoient fe déclarer contre
le Roi, & faire pencher la balance en faveur
de fes ennemis ; il fentit donc qu'à la premiere ouverture de ce projet , aux premiers
pas des légions bleues, la France , la Hol-
lande , l'Autriche & tout l'Empire prendroient
ces armes, qu'on fouleveroit la moitié de
l'Europe contre Fréderic , qui avoit appris
par les événemens de la guerre de 1756, que
la Déeffe de la fortune militaire commençoit
à fe réfroidir envers fon vieux favori.

CEPENDANT fans renoncer tout-à-fait à ce
projet, le miniftere de Potfdam dirigea de
préférence toute fon attention fur les négociations de la Cour de Mannheim : il ne découvrit d'abord rien dont il auroit pu tirer
parti ; mais il ne défefpéra pas de faire naî-

tre des événemens favorables à ses vues, &
on y travailla en effet à Potsdam.

Les prétentions de la maison d'Autriche ,
les titres qui établissoient ses réclamations
avoient été discutés par les parties intéressées ;
tout étoit éclairci ; tous les doutes étoient le-
vés , & pour terminer ces négociations ami-
cales il ne manquoit que d'en arrêter tous les
points par une convention solemnelle. En effet cette convention fut passée ; la maison
d'Autriche prit possession avec l'agrément de
la Cour Palatine de tous les Districts , que la-
dite convention lui assignoit dans la succession
de Baviere. Le précis de cette convention
amicale , & les titres sur lesquels elle est
fondée , ont été rendus publics. Si après tous
les écrits qui ont demontré d'une maniere
victorieuse l'équité des droits de la maison
d'Autriche , on veut encore le révoquer en
doute , cela ne prouve autre chose , sinon
que la chicane peut attaquer aussi-bien les
droits des nations , que ceux des particuliers ,
& que la mauvaise foi est également funeste
au repos des familles & à celui des Etats.

Un point qui me paroît très-important &
même décisif, n'a pas été employé par le mi-
nistere Autrichien avec l'avantage qu'il semble promettre : si je m'en entretiens avec vous ,
je ne m'éloigne pas de mon objet , car il y
est intimément lié.

Écartons les Sophifmes & les fourdes manœuvres d'une Politique infidieufe ; l'emploi
de ces fortes d'armes deshonóre les Róis quand
il s'agit du bonheur de leurs peuples : tenons-
nôus-en aux nations fimples & invariables de la
Juftice , qui établiffent l'honneur & la prof-
périté des Etats fur une bare plus folide que
le droit du plus fort. En partant de ces principes je demande « *Si l'Electeur Palatin étoit
fans fucceffeur , qui pourroit contefter la validité de fa convention avec la maifon d'Autriche ?* — *Perfonne* — *Mais fi le fucceffeur (le
Duc des Deux-ponts) y avoit confenti , qui
pourroit en attaquer l'authenticité ?* — *Perfonne* — Les Differtateurs Pruffiens en font con-
venu eux mêmes. (8). J'ajoute cette autre
queftion « *Si cette convention a été conclue de
l'aveu même du Duc des Deux-ponts , quelqu'un
avoit-il le droit d'y intervenir ?* — Sans doute
perfonne — Ainfi la queftion , quel a été *l'a-
greffeur* même avant l'invafion de la Bohême ,
eft une feconde fois décidée fans contredir, c'eft
celui , qui fans aucun droit , fans aucune ré-
lation quelconque, s'eft intru dans une négociation dont le repos de l'Allemagne étoit le
but ; qui a employé tous les moyens pour
en arrêter le progrès , & embrouiller l'affaire
la plus fimple ; qui dans la vue de faire avor-
ter une convention arrêtée a envoyé de Berlin un *Emiffaire* (9) , (paffez-moi ce terme ;
c'eft le feul qui puiffe caractérifer la miffion
du Comte de Gorz , tout autre feroit trop foible) afin d'en détourner un Prince en l'étour-

diffant par le tableau de périls imaginaires ,
& cela dans un moment où ce Prince ne
devoit pas confentir à ce traité , mais rati-
fier feulement par fa fignature un arrangement
pris depuis long-temps. (10) Eh quoi ! un
Prince d'une maifon auffi illuftre ne fe croit
pas lié *par fa parole* parce qu'il y manque une
formalité , qui fans être effentielle au traité,
n'avoit été arrêtée , que pour en faire paffer
une preuve permanente aux fiecles futurs ? Il
faut plaindre ce Prince , dont le cœur fenfible déplore fans doute un moment de foiblef-
fe , & ce fatal oubli de ce qu'il devoit à fa
gloire dans une conjonéture auffi délicate :
mais quel nom doit-on donner au féducteur ,
dont les infinuations artificieufes ont pouffé de
Prince à une démarche auffi deshonorante pour
lui , qu'elle eft de peu de valeur contre des
droits folidement établis ? Ce féducteur en
déterminant le Duc des Deux-ponts à prêter
fon nom à la dévaftation de l'Allemagne ,
quel rang occupera-t-il dans les annales du
monde ? — Je n'ofe anticiper fur le jugement des fiecles futurs ; mais l'ami de l'humanité fenfible aux fléaux de la guerre , qui
vont défoler des Provinces entieres ; le mal-
heureux cultivateur dont la chaumiere de-
viendra la proie des flammes avec tout ce qui
avoit échappé à la rapacité du foldat ; l'Or-
phelin , dont les fanglots redemanderont un
pere ; la veuve défolée qui pleurera fur le
cadavre déchiré de fon époux , la mere réduite dans fa vieilleffe à nourrir un fils eftro-

pié dont elle attendoit fa fubfiftance ; le voyageur , qui en fuyant l'afpect affreux des champs de Batailles jonchés de morts , s'égarera parmi les décombres des villes ruinées ; toutes ces malheureufes victimes d'une Politique deftructive, réduites au défefpoir ne ménageront point les termes, pour défigner le fatal auteur de leur mifere : la douleur, & une haine trop bien motivée en traceront l'efquiffe , & la poftérité en contemplant les monuments de cette affreufe dévaftation , achevera le tableau.

CEPENDANT rien ne peut empêcher nos contemporains de reconnoître dans le féducteur du Duc des Deux-ponts le feul auteur de la guerre préfente , & l'ennemi déclaré de la maifon d'Autriche ; permettez-moi de vous dévoiler les refforts cachés de la Politique. infidieufe de la Cour de Berlin. On méconnoîtroit fon influence dans les affaires de l'Europe , fi l'on pouvoit douter qu'elle eût ignoré dès le commencement la nature & l'objet des négociations des Cours de Vienne & de Mannheim.

DE tout temps une des maximes fondamentales du miniftere Pruffien fut de pénétrer les fecrets de tous les cabinets de l'Europe ; pour y parvenir , cette Cour ordinairement économe , a toujours prodigué les récompenfes aux traîtres qui l'ont fervie. Mais s'il eft à préfumer , que le commencement des négociations en queſtions , n'a pas été ignoré de cette Cour, pourquoi ne les a-t-elle pas arrêtés dans leurs principes? C'eſt préciſément en quoi conſiſte l'odieux de ſa conduite.

Les éminentes qualités de Marie-Théreſe, forcent même ſes ennemis au reſpect & à l'admiration; ils ſont obligés malgré eux de rendre juſtice à l'excellence de ſon caractere : cette Souveraine généreuſe , magnanime & bienfaiſante , a depuis long-temps prouvé à l'Europe , que le bonheur de ſes ſujets & de l'humanité en général , lui tient plus à cœur que tout ce qui peut flatter l'ambition des Princes ordinaires ; aucune acquiſition n'auroit quelqu'importance à ſes yeux , ſi elle pouvoit entrevoir même dans le plus grand éloignement , que le ſang de ſes ſujets dût un jour en être le prix. L'adverſaire de Marie-Théreſe lui rendoit intérieurement juſtice à cet égard , il ſavoit trop bien , que pour conſerver la paix à ſes Etats , même pour ſauver la vie du dernier des hommes , elle né balanceroit pas à renoncer aux prétentions les plus juſtes dans un temps où ce généreux ſacrifice ne comprometttroit ni l'honneur de ſa maiſon , ni la dignité de ſa couronne: mais ce noble déſintéreſſement renverſoit le plan de Fréderic ; il fallut donc attendre l'effet des négociations entre les Cours de Vienne & de Mannheim , en affectant de les ignorer ou de les regarder avec indifférence.

En effet la prise de possession de la basse Baviere par les troupes Autrichiennes avoit à peine eû toute la publicité possible, que la Cour de Berlin crût les choses *au point* où elle les desiroit, & donna en conséquence sa déclaration, par laquelle elle insistoit sur la restitution de la Baviere ; déclaration qui d'après des avis certains, étoit déja redigée dès le 28 Décembre de l'année 1777.

La Cour de Vienne reçut cette déclaration avec le plus grand étonnement, parce qu'elle en découvrit d'abord le but caché, c'est-à-dire, l'humiliation la plus déshonorante de la maison d'Autriche, ou une guerre longue & dispendieuse. L'évacuation de la Baviere auroit passée pour un aveu tacite de l'illégalité de la prise de possession, ou au moins auroit-elle prouvé la supériorité Prussienne : l'un avilissoit à jamais le regne de Marie-Thérese & de Joseph, & l'autre dégradoit la dignité de leur maison aux yeux de l'Europe, en livrant l'Allemagne au despotisme de la Cour de Berlin, qui depuis long-temps est l'objet de sa Politique. C'en étoit donc fait de la liberté du corps Germanique, car qui auroit osé résister à Fréderic, dès que le chef de l'Empire & la puissante maison d'Autriche auroient donné l'exemple de la soumission ?

Les troupes commandées d'abord contre Juliers & Bergue, se mirent en mouvement vers la Saxe & la Bohème : la destination resta la même , on ne changea que leur direction ; car le cabinet de Berlin fidele à fon plan , étoit fûr ou d'humilier la maifon d'Autriche & d'avilir l'autorité Impériale , ou de rendre la guerre indifpenfable.

PEUT-ÊTRE une troifieme voie fe préfentoit-elle pour conferver la tranquillité de l'Allemagne , & l'on s'attendoit toujours à Berlin (11) que le miniftere de Vienne en feroit ufage ; c'eft-à-dire , qu'il fe défifteroit de la garantie des autres poffeffions Palatines , en offrant à la Pruffe une équivalent quelconque. En ce cas l'on fe feroit contenté des Duchés de Juliers & de Bergue , car offerts par la maifon d'Autriche , leur ufurpation auroit été moins périlleufe , & moins révoltante , que fi elle avoit été l'effet d'une ambition defpotique. Qui fait , peut-être que pour prix de fa modération , Fréderic auroit encore exigé la reconnoiffance de l'Europe , parce qu'il auroit préfenté l'agrandiffement de fes Etats comme le feul moyen de maintenir l'équilibre en Allemagne. Mais lui & fes Miniftres furent trompés dans leur attente , car on ne penfa pas à Vienne de faire une propofition de cette nature. (12) L'Empereur auquel fon Augufte Mere avoit confié tout ce qui concernoit l'affaire de la fucceffion de Baviere , étoit auffi éloigné de difpofer du bien d'autrui , & de lever les droits d'un tiers , qu'il eft réfolu de défendre avec courage fes poffeffions légitimes , & de repouffer avec fermté toutes les attaques d'une Puiſſance ambitieuſe & rivale. Il faut eſpérer qu'on publiera par la ſuite l'hiſtoire de cette négociation : on y verra avec ſurpriſe les poſitions du cabinet de Berlin , qui , altier , ſouple , & hautain tour-à-tour , maſqua toujours ſes vues ambitieuſes de l'amour du bien public , & ne ſe para du plus parfait déſintéreſſement , que pour mieux couvrir les pieges que ſa Politique inſidieuſe tendoit à la bonne foi & à la généroſité de Joſeph : mais on y verra auſſi les réponſes de cet Empereur dictées par la modération , la ſageſſe & la fermeté , & on admirera ſans doute ce Monarque autant dans le cabinet qu'à la tête de ſes armées.

Le Roi de Pruſſe jouiſſoit juſqu'à préſent de la gloire , de n'avoir jamais été ſurpaſſé dans la célérité de ſes expéditions militaires , même de ne pouvoir pas l'être. Ses déclarations de guerre reſſembloient à la foudre dont les ravages accompagnent ordinairement le bruit. Les victoires remportées par ſes armées , précédoient ſouvent la nouvelle de leurs marches , & il attribue lui-même tous ſes ſuccès à cette célérité , parce que le fort d'une campagne dépend toujours de la promptitude des premieres manœuvres. Il ne croyoit pas qu'un jeune Prince en faiſant ſes premieres armes dût lui diſputer & enlever cette gloire ; cependant les troupes deſtinées à la défenſe des Etats héréditaires ſe trouverent,

à leur poste avant l'arrivée de celles qui devoient les attaquer. Ce fut la premiere victoi-
re que Joseph remporta sur Fréderic.

Mais à Berlin on ne s'étoit pas attendu à
tant de célérité. (13) Comme on n'étoit pas
préparé à cet événement, il fallut changer
de langage. L'impuissance de nuir devint donc
modération, la lenteur des armemens, pru-
dence. „ On ne vouloit troubler le repos de
„ l'Allemagne qu'à la derniere extrémité; on
„ répugnoit à verser le sang de tant de mil-
„ liers d'hommes, à désoler l'Europe, on
„ *se paroit* (14) de tous les dehors du plus
„ grand désintéressement ; on s'annonçoit le
„ protecteur de la liberté Germanique, le ga-
„ rant de la paix de Westphalie ; (15) on
„ n'avoit d'autre but que la conservation de
„ cette loi fondamentale de l'Empire, & l'on
„ n'en ambitionnoit d'autre récompense, que
„ l'honneur d'empêcher le démembrement
„ d'une des plus belles provinces de l'Alle-
„ magne.

La Cour de Berlin peu faite à ce langage,
qu'elle ne connoissoit pas en 1756, (16) s'en
servit d'abord avec peine ; car il contrastoit
trop avec celui que sa Politique lui avoit
dicté jusqu'à cette époque.

Comment, *elle ne veut pas désoler l'Europe ?* — comme si le système d'agrandisse-
ment de la maison de Brandebourg n'avoit pas

fait de tout temps le malheur de cette partie du monde. Si l'agriculture est écrasée par la surcharge des impôts, si l'industrie languit faute de bras & de moyens ; si la population diminue journellement par la rareté ou la cherté des subsistances, ne doit-on pas s'en prendre à l'insatiable avidité de cette maison, qui force les Puissances voisines d'opposer une défense proportionnée aux attaques dont elles sont menacées sans cesse ? *L'Europe ne peut & ne doit méconnoître son seul, son véritable ennemi.* Les armées formidables de Frédéric, puissantes par leur nombre & leur courage aguerri, plus dangereuses encore par les talents supérieurs de leur chef, font une guerre perpétuelle à tous les Etats de l'Europe ; car une guerre ouverte pourroit-elle avoir des suites pires que la décadence de l'agriculture, le découragement, ou le dépérissement de l'industrie & la dépopulation ; fléaux qui ne peuvent manquer d'être la suite du système militaire de la Prusse.

Il est donc impossible de méconnoître le véritable auteur de la guerre actuelle. C'est celui qui s'est mis dans la nécessité d'être toujours l'agresseur, parce que son pouvoir n'a d'autre appui que la force : c'est celui, qui pour trouver un prétexte de troubler l'Allemagne s'est intrus dans des négociations pacifiques ; qui a employé tous les artifices de la séduction, pour annuller une convention solemnelle : c'est enfin celui, qui le premier

mier a commencé les hostilités en entrant à main armée en Bohême.

Si jamais les forces des maisons d'Autriche & de Brandebourg se sont trouvées sous un point de vue, où l'on a pu les apprécier à leur juste valeur, c'étoit incontestablement la position où l'activité de l'Empereur a reduit les armées Prussiennes. Le grand nombre de troupes rassemblées en Moravie & en Bohême pour leur défense, devenoient une source de prospérité pour ces Provinces par la consommation du superflu de leurs denrées, & par les débouchés qu'elles offroient à l'agriculture : les armées Prussiennes au contraire sont un fleau pour le cultivateur ; la terreur les précede ; elles consomment ou ravagent la subsistance des payfans, & la faim & la misere marchent à leur suite.

Les admirateurs les plus outrés du Roi de Prusse commencent à sentir ce que, depuis long-temps il a reconnu lui-même, que cette maniere de le combattre le détruiroit à la longue. Encore quelques campagnes de ce genre & Frédéric est presque vaincu sans avoir perdu de Bataille. Payer ses troupes de ses revenus, les nourrir des productions de ses Etats, voilà ce qu'il ignore, il ne fait que combattre, à moins que de dépeupler entiérement ses Provinces, & de ravir à l'agriculture ces foibles bras, qui peuvent à peine assurer les moissons futures, il étoit reduit à *licentier ses armées où à chercher à les entretenir chez l'étranger.*

Le chêne orgueilleux qui depuis cinquante ans a défié la foudre, peut en être brisé, mais il ne fléchira jamais. Fréderic n'a jamais appris à céder, & à la fin de sa carriere le héros n'acquiert plus cette vertu. Il prit le dernier parti; le cinq Juillet il passa le Rubicon.

En effet sa situation doit avoir été défefpérée, puifqu'elle l'a forcé à une démarche qui lui enleve tout droit de réclamer l'affistance de la Ruffie, son alliée, tandis que son irruption en Bohême autorife la maifon d'Autriche à demander à la France les fécours ftipulés par les traités.

L'univers admirera la modération de Jofeph, qui, à la tête d'une armée telle que la maifon d'Autriche n'en avoit jamais mife fur pied, avec une activité au-deffus de toutes les fatigues, avec un courage fondé fur les fentimens de fes propres forces, fur la bonté, & fur l'amour de fes troupes, avec un cœur fenfible à la gloire, a cependant fu fe borner, je ne dis pas à la défenfe, mais feulement à en préparer les moyens. La Ruffie faura fans doute gré à cette modération, d'avoir été affranchie de l'obligation d'un traité qui commence à lui devenir incommode, parce qu'il lui infpire des charges fans aucun avantage réciproque.

L'ennemi naturel de l'Empire de Ruffie eft la porte Ottomane : la Pruffe lui eft d'un foible fécours contre ce dangereux voifin ; mais en confidérant les autres poffeffions de la Ruffie, le feul ennemi, dont elle doive appréhender la puiffance, c'eft la Pruffe elle même. Son al-

France n'offre à la Ruſſie aucun avantage décidé, tandis qu'elle a tout à craindre de l'accroiſſe-ment de ſon pouvoir. Il n'en eſt pas de même à l'égard de la maiſon d'Autriche : ſon ſecours lui devient important dans une guerre contre les Turcs, parce qu'une diverſion du côté du Da-nube, obligeroit ces derniers à diviſer leurs forces. L'agrandiſſement de la maiſon d'Autri-che, quel qu'il puiſſe être, ne peut cauſer au-cun ombrage à la Ruſſie, parce que la nature, la ſituation des Etats héréditaires, & un avan-tage réciproque, ſemblent avoir rendu une al-liance éternelle, néceſſaire entre les deux puiſ-ſances. Mais juſqu'à l'époque de cette heureuſe réunion, il eſt de la ſageſſe de la ſouveraine de toutes les Ruſſies, de cette digne rivale de Pierre le Grand, ſa juſtice & l'intérêt de ſes Peuples l'exigent même, de ne pas ſoutenir *l'agreſſeur*.

Le ſuccès d'une guerre eſt toujours douteux ; des événemens qu'il n'eſt pas donné au génie le plus vaſte, de prévoir ou de détourner, peu-vent détruire les meſures les plus ſages. La Pro-vidence s'eſt réſervée à elle ſeule de décider du ſort des combats: ce n'eſt pas l'offenſer, ſi, réſolu de nous ſoumettre avec reſpect à ſes décrets éternels, & éloignés de toute préſomption or-gueilleuſe, nous nous repoſons avec confiance ſur les talens de *Joſeph* & de ſes généraux, qui nous donnent l'eſpérance du plus heureux ſuccès.

F I N.

NOTES.

(1) L'Auteur qui juge du paſſé avec beaucoup de ſagacité, ne lit pas avec moins de juſteſſe dans l'avenir. On mandoit des environs de Nachod, *que les troupes Pruſſiennes payoient tout en argent comptant*. Auroit-on pû croire que le génie de Frédéric employât de ſi foibles reſſources ? Cette conduite changera-t-elle une invaſion hoſtile en une viſite amicale ? On eſt forcé de s'écrier, *ces troupes payent, à la bonne heure, mais en mauvaiſes eſpeces.* Entrer à main armée dans les Etats de l'Impératrice Reine ſans une réquiſition préalable, ſans ſon conſentement, c'eſt violer le territoire d'une Puiſſance voiſine, c'eſt troubler la paix publique. — Mais à préſent l'on a quitté la marque.

(2) Mém. pour ſervir à l'hiſtoire de Brandebourg. Vie de Fréderic-Guillaume, vers la fin.

(3) Ibidem.

(4) On connoît le propos du Roi de Pruſſe à cette occaſion : *je prends*, diſoit-il, *un habit de cérémonie ; l'Autriche aura un bon ſur-tout, & la Ruſſie un Pou-riſſon :* (c'eſt-à-dire, en Allemand, le plus mince de tous les vêtemens) c'étoit plus qu'un jeu de mots, car il déterminoit ainſi la valeur des parts reſpectives.

(5) Si je ne me trompe, de tous les prédéceſſeurs du Roi de Pruſſe, George-Guillaume eſt préciſément celui où le contraſte de l'influence de la maiſon de Brandebourg en général, & particulierement dans les affaires de l'Empire, eſt plus remarquable. Il raconte lui-même : *l'Empereur donna ce Duché* : (Jaegerndorff) *aux Princes de Lichtenſtein, &c. L'Electeur proteſta tant qu'il voulut* SANS QU'ON EUT ÉGARD : & plus bas : *les Electeurs de Saxe & de Brandebourg intercederent auprès de*

l'Empereur, &c. Mém. de Brandebourg, vie de George-
Guillaume.

(6) L'Éditeur a vu une Lettre de Berlin datée de
1775, entre les mains du Résident de ***, dans laquelle,
on s'étoit permis les réflexions les plus offenfantes fur
l'Empereur, & fur l'autorité Impériale. On a affuré dans
le temps, que plufieurs lettres pareilles avoient été ré-
pandues dans l'efpérance, que quelques-unes parvien-
droient jufqu'à l'Empereur; l'on fe promettoit qu'elles
pousseroient fa patience à bout, & qu'alors —— Ceci
confirme les obfervations de l'Auteur fur l'Efprit de la
politique Pruffienne.

(7) On fe fouviendra d'avoir lu il y a quelques mois,
dans les gazettes, que l'on formoit des magafins à Ma-
gdebourg, & à Halberffadt, & que des troupes fe mettoient
en mouvement vers le pays de Cleves. Tout-à-coup on
n'en parla plus. Le but de ces préparatifs & leur fuf-
penfion, font expliquées par ce paffage.

(8) *Les differtateurs Pruffiens en font convenus eux-
mêmes; je n'en fuis pas fûr; mais ils n'en ont pas dé-
montré le contraire.* Au befoin cela peut paffer par un
aveu : cela prouve auffi que le moyen principal par lequel l'on combat la validité du traité de Munich, eft
le défaut de confentement du Duc des Deux-Ponts; or,
fi le confentement a été donné, ce moyen s'évanouit
comme on le voit, les objections Pruffiennes fondées
*fur le concours néceffaire de l'Empire, fur la contrainte
employée dans la rédaction dudit traité, fur la prépondérance Autrichienne* qui menace non-feulement différens cercles de l'Empire & particuliérement celui de
Baviere, mais auffi la Suiffe & l'Italie; ces objections,
dis-je, ne méritent, felon le fentiment de l'Auteur, aucune réponfe, quoiqu'elles aient été victorieufement ré-
futées par l'Auteur *des réflexions impartiales.*

(9) Cette convention étoit conclue & arrêtée, car le
Duc des Deux-Ponts y avoit *accédé*, non comme partie
fécondaire, mais comme partie principale. Il feroit à

defirer que la Cour de Vienne publiât l'hiftoire de cette négociation ; l'Europe étonnée y verroit que lorfque dans le commencement on traita avec l'Electeur Palatin feul comme chef de fa maifon , le Duc des Deux Ponts a demandé d'être compris dans le traité *fous les mêmes conditions* ; qu'il a donné fon plein pouvoir à l'Electeur , qu'il a demandé à la Cour de Vienne l'ordre de la Toifon d'or , &c. &c. Ainfi fa parole étoit donnée ; les Cours de Vienne & de Mannheim n'en doutoient pas. Le traité fut expédié dans les formes ordinaires ; la Cour de Vienne l'envoya figné à Munic , & le lendemain fon Miniftre devoit l'échanger contre celui de l'Electeur & du Duc des Deux-Ponts ; l'Emiffaire Pruffien arrive le même foir en fecret , ainfi que tous les Gazettiers l'ont annoncé dans le temps ; fous d'autres prétextes il s'introduit chez le Duc , il lui fait connoître l'objet de fa miffion ; le Duc s'excufe : *J'ai donné ma parole — mais vous n'avez pas figné , — je fuis lié par ma parole. — Les enfans & les imbéciles fe croyent liés par une parole donnée ; — mais que dira la Cour de Vienne? — elle n'a aucune preuve contre vous — mais le Public ? — Mais le Roi, Monfeigneur! — & l'Electeur mon Oncle? — Il faut l'éviter.* — C'eft ainfi que le Comte de Gorz a fu répondre aux objections du Prince ; il a eu le talent de réveiller l'ancienne animofité du Duc contre le ——— ; il employa une partie de la nuit & il triompha à la fin. Le lendemain matin , au grand étonnement de tout le monde , le Duc & le Comte avoient difparus. Peu de perfonnes favoient peut-être jufqu'à préfent *quid pacem excuferit orbi.* Mais l'habile Emiffaire a eu pour récompenfe la place de ———

(10) La Cour de Berlin a fait adreffer de femblables propofitions , même à l'Electeur Palatin , par des voies dont elle fe fert ordinairement , & fuivant l'Auteur *des réflexions impartiales* , dans l'efpérance d'engager ce Prince à renoncer au traité de Munic , en lui offrant toute affiftance poffible contre la maifon d'Autriche.

(11) On ne pouvoit jamais s'attendre à une pareille ouverture , car long-temps auparavant le Roi de Pruffe avoit

entamé une négociation fur cet objet avec la Cour de Vienne : celle-ci publiera peut-être cette négociation par la fuite, où le Roi de Pruffe s'étoit réfervé les deux ——— & la ——— en promettant qu'à cette condition il ne s'oppoferoit pas à l'acquifition de la baffe Baviere. Cette négociation fournira des pieces juftificatives pour établir cette impartialité, & ce défintéreffement que des écrivains mercénaires ont tant exaltés dans toutes les occafions.

(12) Non feulement on n'y penfa pas ; mais la Cour de Vienne s'eft conftamment refufée à toutes les ouvertures que l'on a tentées à ce fujet.

(13) Voici l'extrait· d'une lettre que le lecteur verra peut-être avec plaifir.

Berlin le 5 Mars 1778.

Je compte vous voir au plus tard dans un mois ; mes affaires traîneront encore jufques-là. Je n'ofe le faire paroître ; mais je fuis enchanté de voir combien la conduite de l'Empereur a dérouté le Roi & fon miniftere. Ils ne peuvent pas comprendre comment il a été poffible de raffembler en auffi peu de temps une armée en Bohême : ils comptoient toujours fur *le femper auguftus*, ils croyoient que cela iroit de même qu'en 1756, c'eft-à-dire, qu'ils nous furprendroient. Le Roi eft d'une humeur déteftable ; il preffe, preffe, envoie des ordres par-tout, force le travail, & rien n'avance. Je foupai, il y a trois jours chez ——— j'y ai appris que Fréderic ne s'attendoit pas que l'Empereur prendroit les chofes au férieux, & qu'il feroit marcher fes troupes. Il avoit compté effentiellement fur les fentimens pacifiques de l'Impératrice Reine ; il jugeoit différemment de l'Empereur, mais il faifoit beaucoup de fond fur fon économie ; il croyoit qu'il ne fe prefferoit pas de raffembler les troupes des Provinces éloignées de la maifon d'Autriche, parce que cela coûteroit des millions : il fe flattoit que pour épargner cette dépenfe l'Empereur préféreroit la voie de la négociation ; en attendant les troupes Pruffiennes fe feroient raffemblées, & fans qu'on s'y attendît, elles fe feroient trouvées fur les frontieres, & peut-être en Bohême & en

Moravie. Je dois cette anecdote à un ——— intime du Cabinet, que le Champagne fit jaser. — Bravo Joseph ! me disois-je à moi-même ; faites toujours marcher vos troupes & négociez ensuite : à la tête de 150, 000 hommes l'équité d'une proposition devient plus sensible.

(14) *On se PAROIT de tous les dehors du plus grand désintéressement*, c'est le mot propre. *Voyez la note 11e.*

(15) Rien n'est plus neuf & plus extraordinaire que de voir la Cour de Berlin s'annoncer comme garant de la paix de Westphalie. Lorsque ce traité fut conclu, Fréderic-Guillaume fut Electeur de Brandebourg. L'histoire lui donne le surnom de *Grand* ; mais il le doit plutôt à son mérite personnel, qu'à sa puissance. Cet Electeur étoit si peu dans le cas de paroître comme garant de la paix de Westphalie, qu'il n'a pu empêcher que la Suède n'obtint une partie de la Poméranie en dédommagement des frais de la guerre.

(16) Dans le temps de l'irruption du Roi de Prusse en Saxe, lorsqu'il s'empara de cet Electorat, & qu'il fit maltraiter par ses Officiers la Reine de Pologne

Fin des Notes.